LES UNIONS

DE LA

PAIX SOCIALE

*Leur Programme d'action et leur Méthode
d'enquête*

Par A. DELAIRE

Secrétaire général des *Unions*

Avec une introduction de

F. LE PLAY

SIXIÈME ÉDITION

PARIS

BUREAUX DE LA *RÉFORME SOCIALE*

54, rue de Seine, 54.

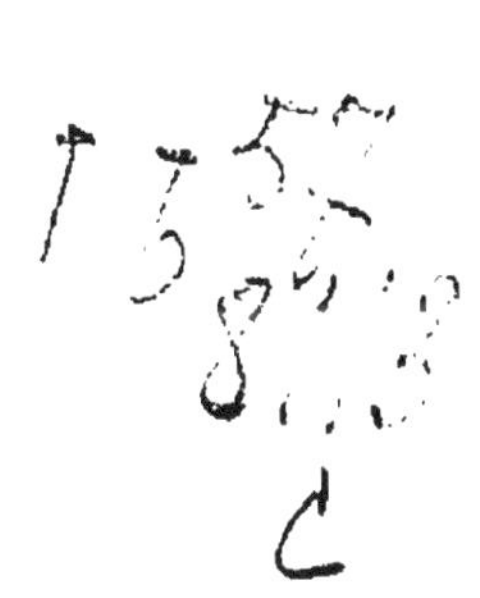

Par décision prise en assemblée générale, tous les nouveaux membres des Unions contractent l'obligation morale de présenter au moins un nouveau confrère dans l'année de leur admission. Chaque membre est, en outre, invité à coopérer au recrutement dans la plus large mesure possible.

BROCHURES DE PROPAGANDE

La présente brochure se vend :

Un exemplaire : 15 cent. — la douzaine : 1 fr. 25. — cinquante exemplaires : 4 fr.

Les Conditions de la réforme en France après cent ans d'erreur et de révolutions ; conclusion de *la Réforme sociale en France*. Nouvelle édition, annotée par M. Ad. Focillon, 1888. Br. in-18.   o 10

La Paix sociale après le désastre, par F. Le Play ; 2ᵉ édit., 1875.................................... o 60

Les Principes de 1789, par Ad. Focillon ; in-8º
 o 5o

Les Ouvriers et les réformes nécessaires, par M. E. Cheysson, in-8º.... .... o 5o

L'Organisation du travail d'après Le Play, et le mouvement social contemporain, par Claudio Jannet ; in-8º...................... ...... o 5o

Les Unions de la paix sociale, par Gaston David ; in-18................. .... o 5o

Correspondance des Unions, surtout les Nᵒˢ 4 et 5.

Livraisons-spécimens de *la Réforme sociale* (gratuites)

INTRODUCTION

Les *Unions* sont, par rang d'ancienneté, la deuxième institution de l'École de la paix sociale. Ébauchées d'abord en juin 1871, elles furent le produit d'un élan spontané de patriotisme, dont les détails sont rappelés dans l'ouvrage qui fait partie de notre Bibliothèque, et qui a pour titre : *La Paix sociale après le désastre.* A cette époque, beaucoup de personnes, que les récentes catastrophes avaient consternées, se rappelèrent que je les avais prédites dès 1864, en publiant mon deuxième livre, *La Réforme sociale en France.* Pendant la plus grande partie de la guerre, j'habitai ma résidence du Limousin. Ne pouvant mieux faire pour la patrie, j'y avais organisé une

---

(1) F. Le Play : *L'École de la paix sociale, son histoire, sa méthode et sa doctrine,* p. 48-49.

correspondance avec un journal de Toulouse. Je reçus dans cette résidence un grand nombre de lettres, dont les auteurs m'exprimaient l'intention de mieux suivre mes conseils à l'avenir. Après la conclusion de la paix avec l'étranger et à la fin de la guerre civile, les auteurs de ces lettres se groupèrent près de moi ; enfin, en 1874, ils commencèrent à organiser lès Unions, et me prièrent de présider à cette organisation. Toutefois, à la vue des discordes qui divisaient les *quatre partis réformistes*, je compris que la restauration de la paix sociale exigerait une longue suite d'efforts. Dans ma conviction intime, cette œuvre, si elle était réalisable, serait exclusivement accomplie par de vrais savants, qui s'interdiraient, comme groupe, toute action dans le domaine de la politique. Je n'étais point assuré que mes amis garderaient la réserve dont ils comprennent maintenant la nécessité absolue après une expérience de sept années. Malgré les instantes prières des membres déjà réunis, je refusai d'intervenir en quoi que ce fût dans l'administration ou les actes des petits groupes locaux qui se constituaient, en France ou à l'étranger, pour propager dans leur voisinage les vérités sociales que je recueillais depuis quarante-cinq ans par la méthode des monographies de familles. Je me bornai à régler les rapports qui devaient être établis entre le « Trésorier général » de Paris et les « Correspondants » locaux des Unions, pour l'expédition des livres de notre Bibliothèque et la réception des sommes qui devaient en acquitter le prix. L'opportunité de l'autonomie, qui fut alors imposée aux localités par une sorte de contrainte, est maintenant justifiée par les résultats obtenus. Un certain nombre d'Unions locales se sont constituées ; et l'on peut déjà entrevoir, en germe, les coutumes qui les multiplieront en assurant le développement de chacune d'elles.

Ce développement graduel aura lieu, du moins en France, si les classes dirigeantes conservent l'esprit de réforme que la catastrophe de 1871 avait fait naître parmi elles, après la déplorable quiétude où elles restèrent pendant toute la durée du second empire.

F. Le Play.

POST-SCRIPTUM DE 1892.

Le développement des Unions que leur fondateur appelait de ses vœux en 1881, ne cesse de se manifester par l'accroissement du nombre des membres et par la création de nouveaux groupes locaux. Plusieurs de ceux-ci, notamment à Lyon, à Lille, à Bordeaux, à Angers, à Besançon, etc., ont organisé des réunions régulières, créé un enseignement social ou réuni des assemblées régionales. En outre les Unions, de concert avec la Société d'économie sociale, se réunissent en un dîner mensuel, à Paris, le 4e lundi de chaque mois de novembre à av'il. (Voir l'ordre du jour dans la *Réforme sociale* du 16.) Enfin tous les ans, en mai, elles prennent une large part au Congrès de l'École de la paix sociale à Paris, et tiennent à cette occasion l'assemblée annuelle de leurs délégués. Combien ces progrès deviendraient encore plus rapides et plus féconds, si chaque membre, pénétré de la nécessité de remplir le devoir social, coopérait de tous ses efforts à la propagande des idées et au recrutement des adhérents !

LES OUVRIERS DES DEUX MONDES

La 2e série est en cours de publication. Les monographies paraissent par fascicules séparés au prix de 2 fr. Le prix est de 1 fr. 50 seulement, payable après livraison, pour les personnes qui souscrivent à l'avance. Il paraît environ quatre fascicules par an.

LES

UNIONS DE LA PAIX SOCIALE

Leur programme d'action et leur Méthode

d'enquête.

———

I

La France est livrée depuis un siècle aux théories et aux systèmes, et elle n'a pu aboutir qu'à la confusion des idées, à l'antagonisme des classes, à l'instabilité des institutions. Onze révolutions, dix-neuf constitutions successives, dont chacune devait être définitive et qui toutes ont été éphémères, voilà notre bilan. Il est peut-être temps de s'arrêter dans cette voie, et de demander enfin, non plus aux inventions personnelles, mais à l'expérience de tous les peuples, la solution des problèmes sociaux.

Tel est l'objet de la *Science sociale*, fondée sur l'observation.

Cette science repose sur les observations accomplies scientifiquement depuis un demi-siècle, par l'auteur des *Ouvriers européens* et de la *Réforme sociale*, et continuées, d'après la même méthode, par un grand nombre de savants.

Il y a cinquante ans, en effet, que F. Le Play entreprenait la longue série de ses voyages d'observation et d'enquête sociale à travers l'Europe et l'Asie. Chaque année, il allait s'asseoir au foyer d'un grand nombre de familles ouvrières, les interrogeant sur leur vie quotidienne et cherchant à découvrir, dans leurs réponses, les lois qui présidaient à l'organisation du travail, à l'organisation de la famille et, par conséquent, à la prospérité et à la décadence des sociétés humaines.

A l'exemple de Vauban, « il s'informait avec soin de la valeur des terres et de ce qu'elles rapportaient, de la manière de les cultiver, des facultés des paysans, de ce qui faisait leur nourriture ordinaire, de ce que leur pouvait valoir en un jour le travail de leurs mains ; détails méprisables et abjects en apparence et qui appartiennent cependant au grand art de gouverner (1).»

Enfin, après vingt-cinq années d'une enquête patiente et méthodique, les premiers résultats de ces longues observations purent être livrés au

______

(1) Fontenelle, *Eloge de Vauban.*

public. Alors parurent successivement les *Ouvriers européens*, les *Ouvriers des Deux-Mondes*, la *Réforme sociale*, l'*Organisation du travail*, l'*Organisation de la famille*, la *Constitution de l'Angleterre*, etc.

Bientôt un groupe d'observateurs vint se ranger autour du maître qui avait ouvert la voie et tracé la méthode ; les uns révélèrent, avec l'existence intime des familles de l'ancienne France, le secret de leur force ; les autres décrivirent les mœurs et l'état social des Etats-Unis contemporains, du Canada, des petits cantons suisses, des provinces basques, et des peuples qui, à divers titres, méritent de fixer l'attention de l'observateur ; ceux-ci firent connaître à la France, qui ne les pratique plus, les institutions administratives des nations libres ; ceux-là, pénétrant dans le passé, le flambeau de la science sociale à la main, entreprirent d'éclairer d'un jour nouveau l'organisation sociale du moyen âge ; plusieurs, placés à la tête d'industries considérables, appliquèrent avec le plus grand succès les solutions fournies par leurs observations personnelles et par celles de leurs amis ; peu à peu, le groupe devint une *École* ayant sa méthode, ses maîtres, son enseignement, son programme.

En même temps les *Unions de la Paix sociale* s'étaient partout constituées, permettant de passer peu à peu de la période d'observation et de doctrine à la période de vulgarisation et d'application pratique.

II

L'étude du passé et l'observation du présent enseignent que certaines constitutions sociales engendrent invariablement la paix, tandis que d'autres créent ou entretiennent la discorde. Tout homme de bonne foi, s'il est instruit de ce contraste, tire lui-même la conclusion pratique· Mais il est nécessaire de propager partout les conclusions ainsi déduites de l'observation des faits et de les mettre en pratique. C'est pour atteindre ce but que les *Unions de la Paix sociale* ont été fondées en 1874. Elles sont aujourd'hui réparties par petits groupes en France et à l'étranger. Depuis le 1ᵉʳ janvier 1881, une revue bi-mensuelle, *la Réforme sociale*, a été créée pour les relier entre elles et les tenir au courant de tout ce qui peut intéresser leur action commune (1).

Les *Unions* se composent de membres *associés* et de membres *titulaires*. Les membres *associés* versent une cotisation annuelle de 15 fr. (France et étranger), qui leur donne droit à recevoir la revue bi-mensuelle, *La Réforme sociale*. Les *membres titulaires* concourent plus intimement

(1) La *Réforme sociale* paraît le 1ᵉʳ et le 16 de chaque mois. Prix d'abonnement pour les personnes étrangères aux *Unions* : France : un an, 20 fr.; six mois 11 fr. — Etranger : un an, 25 fr. (Voir les détails à la 4ᵉ page de la couverture.)

aux travaux qui servent de base à la doctrine des *Unions*. Ils payent, outre la cotisation annuelle pour la *Revue*, un droit d'entrée minimum de cinq francs, au moment de leur admission. Ils reçoivent, en retour, pour une *valeur égale* d'ouvrages choisis dans la *Bibliothèque de la Paix sociale* et livrés au prix de revient (1). Pour être admis dans les *Unions de la Paix sociale*, il faut être présenté par un membre, ou adresser directement au Secrétaire général une demande d'admission. Cette adhésion aux doctrines des *Unions* implique l'obligation morale de concourir à leur développement (2).Les noms des personnes nouvellement admises sont publiés dans la *Réforme sociale*.

(1) Les communications sont adressées au Secrétaire général des *Unions*, rue de Seine, 54 à Paris. Les versements sont envoyés, soit directement, soit par l'intermédiaire des correspondants de chaque groupe, à la même adresse, au nom de M. Prévost, administrateur de la *Réforme sociale*, qui expédie à chacun la *Revue* et les ouvrages auxquels il a droit. (Voir la liste des ouvrages de la *Bibliothèque* à la fin de la brochure.)

Pour aider à la diffusion si nécessaire des livres fondamentaux de Le Play, il a été organisé un service de primes gratuites.

Chaque membre jouit toujours de remises particulières sur les ouvrages qui composent la *Bibliothèque de la Paix sociale*.

(2) Les personnes qui sont déjà abonnées à la *Revue* peuvent être admises dans les *Unions*, comme membres *associés*, par le seul fait d'une présentation ou d'une demande et sans avoir à payer de cotisation supplémentaire.

Elles profiteront même de la différence de prix entre la cotisation des Unions (15 fr.) et l'abonnement ordinaire (20 fr.). Mais en retour de cet avantage, elles voudront bien se considérer comme obligées d'aider à propager les idées de réforme et à recruter de nouveaux adhérents.

Les divers membres sont invités à transmettre au comité de rédaction de la *Revue* les faits sociaux qu'ils ont pu observer autour d'eux, ou les renseignements qui sont parvenus à leur connaissance. Ces communications sont, suivant leur importance, mentionnées ou reproduites dans la *Réforme sociale*.

Le comité de rédaction, par l'organe de la *Revue*, ou par l'intermédiaire des CORRESPONDANTS de chaque groupe, fait connaitre aux membres les applications qui ont été tentées et les résultats qui ont été obtenus, au point de vue social, soit en France, soit à l'étranger; il provoque des tentatives analogues et indique, d'après l'observation et l'expérience, les meilleures solutions et les moyens pratiques d'application.

L'action des Unions s'exerce surtout par l'intermédiaire de CORRESPONDANTS locaux. Le titre de CORRESPONDANT est accordé aux membres qui veulent bien entrer en rapport avec le Secrétaire-général des *Unions* et prendre l'initiative de la formation d'un groupe dans leur voisinage (1).

Le rôle des CORRESPONDANTS est de servir d'in-

(1) Ceux de nos confrères qui voudraient bien donner à notre œuvre leur concours comme CORRESPONDANTS sont priés d'en aviser le Secrétaire général, en indiquant exactement le nom de leur localité urbaine ou rurale. Ils recevront immédiatement la liste des membres des *Unions* et des abonnés à la *Revue* qui se trouvent dans leur localité et dans les environs. La *Revue* enregistre la formation des groupes avec le nom des CORRESPONDANTS.

termédiaires, soit pour recruter des adhésions et présenter des membres nouveaux, soit pour transmettre au *Comité de la Bibliothèque des Unions* et faire ainsi connaître à tous leurs confrères, les faits sociaux et les observations spéciales de leur localité ; soit enfin pour provoquer autour d'eux l'application des réformes indiquées dans cette Bibliothèque, d'après les enseignements de l'expérience.

La *Revue* consacre régulièrement aux Unions un chapitre de sa *Chronique*, et publie périodiquement : 1° la liste des groupes nouvellement constitués, avec le nom des correspondants ; 2° la liste des membres admis ; 3° le compte-rendu des travaux de chaque groupe ; 4° le résumé de la correspondance, avec les réponses qu'exigent les principales questions.

La méthode d'observation, par la rigueur de ses procédés et la prudence de ses déductions, sera aussi précieuse pour la science sociale qu'elle l'a été, depuis un siècle, pour les sciences physiques. Elle amènera, nous en avons la certitude, l'accord entre les hommes de bonne foi sur les conditions indispensables à la stabilité de la famille, à la paix des ateliers et à la prospérité des peuples. Ceux mêmes auxquels l'énoncé des conclusions peut inspirer d'abord quelques réserves, acceptent du moins la méthode et aiment à en contrôler les résultats. La plupart de ceux qui ont fait cet examen sont devenus ensuite des adeptes chaleureux de notre *Ecole*. C'est alors qu'ils entrent dans les Unions pour se faire les propagateurs des idées de réforme sociale. La *Bibliothèque* leur offrira tous les moyens de se former une conviction éclairée, sans se dissimuler les difficultés, et de prévoir les objections en apprenant à les réfuter. Leur premier devoir est de se préparer, par cette étude, à soutenir la polémique, tout au moins dans le cercle intime des relations de famille et d'amitié.

III

Il ne nous appartient pas de tracer ici le « programme doctrinal » de l'Ecole. F. Le Play a condensé lui-même, en quelques pages lumineuses, un précis de la Science sociale (1) ; il a eu soin, d'ailleurs, de donner toujours dans chacun de ses ouvrages des conclusions courtes et magistrales, auxquelles les membres des Unions n'auront qu'à se reporter. Mais, pour mieux déterminer l'œuvre que doit accomplir chacun de nos groupes locaux et pour offrir un champ défini à leur activité, nous nous permettrons de rappeler les principaux points sur lesquels ils doivent concentrer leurs efforts de propagande. Sous une

(1) *La Constitution essentielle de l'humanité*, 1 vol. in-18. 1881.

forme trop succincte et nécessairement incomplète, dont la bibliothèque fournit à la fois la justification et le développement, ce sera du moins une ébauche de notre « programme d'action ».

I. Affirmation de la loi de Dieu et réfutation des erreurs dominantes. — 1° Rappeler que sans le Décalogue éternel il n'y a pas de société humaine, et que les peuples prospèrent, déclinent ou disparaissent suivant qu'ils pratiquent, violent ou répudient la loi de Dieu.

2° Faire voir que chez nous l'instabilité politique et l'antagonisme social viennent bien plus des erreurs qui égarent la nation que des fautes de nos gouvernements si variés ou des vices de nos constitutions si différentes (1).

3° Combattre l'erreur fondamentale propagée par J.-J. Rousseau et la philosophie du xviiie siècle sur la perfection originelle de l'humanité; montrer que cette affirmation, contredite par les faits, est le fondement logique « des erreurs de 1789 », c'est-à-dire de la liberté systématique, de l'égalité providentielle et du droit de révolte (2).

4° Conseiller sans cesse d'abandonner les discussions stériles, afin de lutter plus efficacement contre les erreurs sociales qui nous perdent et de

(1) Voir *La Paix sociale après le désastre*, 2ᵉ édit., et aussi les *Correspondances de l'Union*.

(2) Voir *La Réforme sociale*, 7ᵉ édit., ch. 62, et la *Constitution essentielle*, ch. VI.

réaliser plus promptement, dans la vie privée et la vie publique, les réformes qui nous sauveront.

5° En conséquence, faire lire les livres de la Bibliothèque, et en répandre la connaissance par tous les moyens de la publicité, et surtout par le prêt ou le don des ouvrages. En particulier, placer les livres par don ou achat, dans les bibliothèques, les cercles, les conférences, les écoles, etc...; faire insérer, dans la presse locale, des extraits empruntés aux ouvrages de l'Ecole, ou choisis dans la *Réforme sociale*.

II. Autorité paternelle et stabilité de la famille. — Insister auprès des propriétaires, des industriels, des commerçants, et, en particulier, des hommes de loi, sur la nécessité de le *liberté de tester* pour affermir l'autorité paternelle et la stabilité de la famille (1); tout au moins amener l'opinion à étudier les réformes suivantes, et, au besoin, à les réclamer du pouvoir législatif (2) :

1° Autoriser le père de famille à composer librement les lots de ses enfants en objets de diffé-

(1) Voir notamment dans l'*Annuaire des Unions* pour 1875 : *Le Testament et le Commerce*, par M. le Comte de Butenval. Dans ce remarquable travail sont reproduites les déclarations des Chambres de commerce sur les conséquences du partage forcé des héritages.

(2) Voir l'*Organisation de la famille*, et notamment : la destruction des petits héritages par le fisc et la procédure, les réformes successorales réalisées en Alsace-Lorraine après l'annexion.

rente nature et à donner à l'héritier du domaine des termes pour le payement des légitimes, moyennant un intérêt modéré.

2° Dans les partages entre-vifs, en cas de contestation, apprécier la lésion uniquement d'après la valeur que les biens avaient au moment de l'acte, sans tenir compte des augmentations ou diminutions qui ont pu survenir jusqu'au décès de l'ascendant.

3° Limiter à deux ou cinq ans la durée des actions en nullité ou en rescision, qui, d'après le Code, sont ouvertes pendant dix ou trente ans, selon les cas, à partir du décès de l'ascendant.

4° Diminuer les droits de donation, de partage et de vente judiciaire d'immeubles.

5° Permettre au père de désigner, par son testament, des arbitres, qui statueront souverainement sur toutes les difficultés pouvant surgir dans la liquidation de sa succession.

6° Dans tous les cas où il y aurait lieu à un rapport ou à une réduction à la quotité disponible autoriser l'enfant débiteur à payer une soulte en argent.

7° Permettre les pactes sur successions futures, prohibés aujourd'hui par le Code (art. 791 et 1130), pourvu que l'ascendant de la succession duquel on traite y intervienne.

8° Autoriser le partage des successions de mineurs, quand tous leurs représentants légaux sont d'accord, par-devant notaire, sans recourir à des formes judiciaires autres que l'homologation du tribunal, sans tirer les lots au sort et sans tenir compte de la disposition de l'article 832.

9° Conformément aux dispositions de nos anciennes lois sur le douaire et l'augment de dot, laisser à la femme un droit d'usufruit sur la moitié des biens du mari, pourvu qu'elle reste veuve, vive honorablement, et que le mari n'en ait pas décidé autrement par testament.

10° Etudier les moyens de protéger la petite propriété familiale contre l'endettement hypothécaire par une imitation des lois américaines dites d'*Homestead exemption*.

III. Rapports entre les patrons et les ouvriers. — 1° Propager auprès des chefs d'industrie de chaque localité la connaissance des devoirs du patronage, tels qu'ils sont pratiqués avec succès par une foule de patrons (1);

2° Honorer les patrons qui, en pratiquant ces principes, mettent leurs ouvriers à l'abri des chômages et maintiennent l'harmonie dans leurs ateliers;

3° Faire connaître leur exemple; les favoriser de sa clientèle et la refuser aux patrons qui livrent

---

(1) Voir dans l'*Organisation du travail* les détails relatifs aux six pratiques qui composent la *Coutume des ateliers*, et qui se résument en quelque sorte dans la première d'entre elles : la permanence des engagements entre patrons et ouvriers.

leurs ouvriers à toutes les fluctuations de l'offre et de la demande ;

4° S'attacher infatigablement à réfuter, par l'observation des faits, l'objection tirée de la prétendue incompatibilité entre les exigences du travail moderne et la permanence des engagements ;

5° Attirer l'attention du clergé sur l'intérêt qu'il y aurait à placer au premier rang des devoirs prescrits par la religion, la pratique du patronage, suivant les prescriptions des Livres saints et l'enseignement formel de l'Eglise (1).

IV. ÉPARGNE ET PROPRIÉTÉ DU FOYER (2). — 1° Accorder, quand c'est possible, aux ouvriers, employés et domestiques un salaire supplémentaire, proportionnel, soit au gain, à l'âge ou à l'ancienneté, soit, s'il n'y a pas d'inconvénients, aux bénéfices mêmes réalisés dans l'année par la maison ; faire placer directement par le patron, au nom de l'ouvrier, *à capital* et *à intérêts réservés*, cette somme supplémentaire ; remettre au titulaire un livret nominatif, indiquant l'état successif de ses épargnes, afin de l'encourager à les augmenter par ses économies personnelles ;

2° Encourager les habitudes d'épargne par la création des institutions de prévoyance, notamment des caisses d'épargne scolaires ;

(1) *Annuaire des Unions*, 1875.
(2) Consulter les Rapports du Jury d'économie sociale de 1889, notamment celui de M. Cheysson (Institutions patronales) et celui de M. G. Picot (Habitations ouvrières).

3° Provoquer la création de sociétés analogues aux *Building Societies* et aux *Land Societies* d'Angleterre, et surtout aux diverses associations des Etats-Unis, pour faciliter aux ouvriers la propriété du foyer domestique ;

4° Engager les patrons à construire pour leurs ouvriers des habitations saines, assurant aux familles la stabilité et la dignité de leur foyer ;

5° Pour Paris et les grandes villes, mettre à l'étude la construction dans les banlieues, de maisonnettes à bas prix, reliées au centre par des moyens économiques de transport ; — dans le centre, de grandes maisons corrigeant les inconvénients de l'agglomération par les procédés employés à Londres, à Rouen, à Lyon, etc., — en attendant, provoquer l'amélioration progressive des logements insalubres. (V. G. Picot, *Un Devoir social.*)

V. Travail des femmes et travail au foyer. — 1° Généraliser le plus possible, par des encouragements et des primes, l'établissement ou la location de forces motrices à domicile, comme moteurs à air, moteurs à gaz, turbines de famille, petites machines à vapeur ;

2° Favoriser de préférence l'établissement des usines dans les campagnes, afin de rendre plus facile la coexistence des industries rurales et manufacturières ;

3° Encourager, par des mentions et par la

publicité de la presse, les patrons qui organisent leur production de manière à procurer aux femmes et aux filles de leurs ouvriers du travail au foyer ;

4° Signaler à l'opinion publique les patrons qui exploitent dans des conditions inhumaines les femmes et les enfants;

5° Propager la création d'associations locales analogues à la *Société royale patriotique de Stockholm*, pour développer les petites industries domestiques.

VI. PROTECTION DE LA FEMME. — Demander que, à l'exemple de l'Angleterre et des Etats-Unis, la séduction soit mise au nombre des délits que poursuivent les magistrats, ou tout au moins qu'elle soit considérée comme un dommage que le séducteur serait tenu de réparer, sur la réclamation de la victime, selon l'appréciation faite par le juge.

Provoquer la création d'associations analogues à la *Société anglaise pour la suppression du vice*, avec mission de signaler, de prévenir et de poursuivre devant l'opinion et devant les tribunaux les délits de séduction.

VII. LE REPOS DU DIMANCHE. — 1° Soutenir et développer les associations déjà existantes, en vue d'assurer le repos du dimanche, en créer de nouvelles; combiner leurs efforts en spécialisant leur objectif et en divisant les questions.

2° S'abstenir de faire travailler le dimanche

tous ceux sur lesquels on exerce une action ; refuser sa clientèle à tout marchand ou fournisseur qui ouvre boutique ce jour-là et favoriser ceux qui agissent autrement. A l'exemple de l'Angleterre et des États-Unis, créer par la presse, les associations, les réunions et tous les moyens de l'initiative privée, un mouvement d'opinion capable d'entraîner les grandes administrations et l'État à accorder à leurs employés le repos du dimanche.

3° Engager les patrons à effectuer la paie de préférence le vendredi soir. Cette pratique laisse aux patrons et à l'ouvrier l'entière liberté du dimanche ; elle soustrait l'ouvrier à la tentation fatale du lundi ; elle permet à la ménagère d'acheter au marché du samedi, c'est-à-dire de première main, les denrées dont elle a besoin, et de donner au repas du dimanche un air de fête, qui rend plus attrayant le foyer domestique, resserre les liens de la famille et affermit ainsi l'institution du repos dominical.

4° Encourager les Chambres de commerce à demander aux grandes Compagnies de chemins de fer la fermeture des gares de marchandises à petite vitesse le dimanche et les jours fériés, afin d'accorder un repos légitime aux camionneurs, facteurs, voituriers et autres employés. (Dix-sept Chambres de commerce ont déjà pris l'initiative de cette demande.)

VIII. Administration locale. — Insister

auprès des personnes influentes de chaque localité sur la nécessité de développer la vie locale et l'initiative individuelle, d'intéresser tous les citoyens à l'admnistration de leur commune, afin de les détourner de toute intervention directe dans la politique générale. Vulgariser ces idées par la presse locale, les conférences ou tout autre mode de publicité, afin de disposer l'opinion èn faveur des réformes suivantes :

1° Restaurer l'administration du pays par le pays ; séparer, dans les attributions des divers pouvoirs et dans les budgets, les affaires générales des affaires locales ; attribuer les affaires générales à l'État et rendre aux pouvoirs locaux la gestion des affaires locales ; en deux mots, centralisation politique, décentralisation administrative.

2° Établir sur de larges bases la démocratie communale et l'administration locale et faire des institutions locales l'école primaire du citoyen ; pour cela, intéresser tous les citoyens à la gestion des affaires locales, en leur en facilitant l'accès ; introduire, dans une certaine mesure, la spécialité dans les dépenses communales, pour rendre le contrôle plus facile et hâter l'éducation électorale.

3° Dans l'enseignement, restreindre l'intervention de l'État, à mesure que se développent les établissements fondés par l'initiative privée ou par les pouvoirs locaux.

IX. Administration provinciale. — Faire

comprendre que la fortune et la propriété ne sont pas un bénéfice qui permet plus de jouissance, mais une fonction qui impose plus de devoirs. Insister auprès des personnes riches sur la nécessité de reconstituer une classe dirigeante, en groupant les individualités les plus éminentes par la vertu, le talent et la richesse pour les faire concourir au service *gratuit* du pays. Démontrer que, pour obtenir ce résultat, il faut :

Restituer à l'initiative individuelle et aux pouvoirs locaux certains services aujourd'hui absorbés par l'État, au grand détriment des contribuables et de la bonne marche des affaires ; simplifier l'organisation de notre bureaucratie, en rendant aux particuliers les attributions qu'ils peuvent exercer eux-mêmes ; conférer aux employés supérieurs des bureaux l'honneur, mais aussi la responsabilité de leurs actes; augmenter le traitement des petits employés, tout en dégrevant les contribuables, grâce à la simplification du service et à la mise en jeu des concours gratuits.

X. Gouvernement central. — Mettre en relief la nécessité de fortifier l'État et d'augmenter sa stabilité, d'une part, en centralisant dans ses mains l'action politique ; de l'autre, en el déchargeant des fonctions privées et administratives, que les citoyens et les pouvoirs locaux peuvent exercer plus utilement. Ainsi placé au dessus de nos querelles, le pouvoir apparaîtra comme un juge, et non comme une partie intéressée, contre laquelle il faut toujours lutter. N'ayant plus tout à faire, il cessera d'être responsable de tout.

Enfin, on devra faire ressortir que l'application de ces diverses réformes permettrait de réaliser annuellement dans le budget des économies considérables et de constituer le véritable gouvernement « à bon marché ».

Tel est, dans ses traits généraux et ses applications immédiates, le programme d'action recommandé aux Unions, non point par esprit de système et en raison d'idées préconçues, mais au nom d'une expérience d'un demi-siècle et avec l'autorité de l'observation scientifique.

Le comité de la Bibliothèque s'unit à la rédaction de la *Réforme sociale* pour inviter les membres des Unions, et particulièrement les Correspondants, à étudier les divers points de ce programme. Ils se concerteront ensuite avec leurs confrères, afin de fixer quelles sont, parmi ces réformes, celles dont ils peuvent poursuivre immédiatement la réalisation. Sur leur demande, on leur adressera, soit directement, soit par l'intermédiaire de la *Revue*, les renseignements complémentaires qui leur feraient défaut. La connaissance des tentatives faites par divers groupes servira à instruire les autres sur les moyens à adopter, ou les obstacles à vaincre, et suscitera des initiatives fécondes qui, sans l'encouragement de l'exemple, auraient peut-être hésité longtemps à se produire.

IV

Il est un point encore sur lequel nous appelons spécialement l'attention de nos confrères, bien que nous ne l'ayons pas mentionné dans le programme : nous voulons parler de l'utilité des monographies ou des enquêtes dont ils pourraient trouver autour d'eux le sujet. Les œuvres charmantes de l'historien de la *Vie domestique* doivent leur origine à une monographie toute locale sur une *Famille* du xvie *siècle* et sur quelques *Livres de raison* (1). Un autre exemple dont les Unions s'inspireront aussi avec grand profit, est la belle enquête de M. Claudio Jannet intitulée : *Les Résultats du partage forcé des héritages en Provence.* On pourrait citer encore nombre de travaux faits par les Unions et publiés à leur date dans les *Annuaires* et surtout dans la revue la *Réforme sociale* (2). Si le

---

(1) Ch. de Ribbe : *Les Familles et la Société en France avant la Révolution; La Vie domestique; Le Livre de Famille;* etc.

(2) Voir notamment : *La Réforme sociale en Limousin*, par M. A. Delor; *Le Fisc et les petites successions*, par MM. Sevin et Cauvain; *La Grève des chemins de fer en Amérique*, par M. Jacqmin; *Un Atelier modèle*, par M. Pocquet; *Les Souffrances de l'industrie lyonnaise*, par M. Charmettant; *La iberté d'éducation en Angleterre*, par M. Saint-Georges Mivart; *Le Poitou et le Morvan*, par MM. de Curzon et de Saint-Léger, etc. — V. les Tables de la *Réforme sociale*

fécondité de pareilles études est certaine, les modèles d'ailleurs ne manqueront pas. *Les Ouvriers européens* et les *Ouvriers des Deux Mondes* fournissent le type, constant par les divisions, mais varié dans les détails, des monographies de familles ouvrières. La *Constitution de l'Angleterre* a été rédigée pour fixer le cadre le plus propre à l'exposé d'une monographie de nation. Beaucoup d'enquêtes locales, méthodiquement poursuivies, sont chaque année l'objet de rapports présentés à la *Société d'économie sociale* et aux assemblées régionales ou locales des Unions de la paix sociale. Unissant leurs efforts, les Unions et la Société ont particulièrement à continuer trois grandes enquêtes qui ont déjà donné d'excellents résultats : 1° sur l'état des familles et l'application des lois de succession (*Réforme sociale*. 1re série, t. V, p. 585, et t. VI, p. 385, 464 (1); 2° sur la condition des petits logements (*Réforme sociale*, 2e série, t. III, p. 206); 3° sur la dépopulation en France (*Réforme sociale*, 2e série, t. II, p. 246).

Nous invitons en conséquence nos amis à nous adresser des notes, plus ou moins détaillées, sur les mœurs, les idées, les coutumes, en un mot sur l'état social des pays qu'ils habitent.

(1) *Enquête*, etc., : 1re série (1867-1868), fascicules 1 et 2; 2e série, en cours depuis 1884, fascicules 1, 2 3; tirage à petit nombre, ch. fascicule 2 fr.

Nous attirons particulièrement leur attention sur les points suivants :

I. — L'état du sol; — le climat et le régime atmosphérique ; — les cultures ; — les ressources naturelles fournies par le sol, l'air et les eaux; — les obstacles spéciaux opposés par la nature des lieux ; — la population et le régime du travail; — les voies commerciales.

II. — L'histoire abrégée de la race ; — ses périodes de prospérité et de décadence.

III. — La loi morale et la religion; — le culte et le clergé ; — les coutumes et les autorités sociales qui conservent le bien ; — les faits et les institutions qui favorisent l'invasion du mal.

IV. — La famille et son organisation ; — la femme et le mariage ; — les maux et les faits de séduction; — l'autorité paternelle et la situation faite aux vieillards ; — la jeunesse et l'éducation; — la situation faite aux serviteurs ; — les professions domestiques; l'épargne; la propriété; les régimes de succession; la dette hypothécaire.

V. — L'organisation du travail ; — les grands et les petits ateliers ; — la nourriture ; — l'habitation ; — les vêtements ; — l'hygiène ; — le taux des salaires ; — l'entente ou le désaccord touchant leur fixation ; — les chômages et les grèves; — la permanence ou l'instabilité des engagements ; — l'alliance des travaux de l'atelier et des industries domestiques ; — les institutions de prévoyance ; — la pratique du patronage.

VI. — La vie locale ; — les coutumes locales ; — la situation des grands propriétaires et leur influence sociale ; — l'absentéisme ; — le rôle des manufacturiers et des commerçants; — l'action des classes lettrées ; — l'influence de la presse ; — l'assistance publique ; — les délits et les crimes ; — la vie urbaine et la vie rurale; l'intervention exagérée des légistes et des fonctionnaires ; — les divisions politiques ; — le classement social ; — les rapports entre les diverses classes ; — la possibilité de reconstituer une classe dirigeante.

Ces indications constituent seulement un cadre que chacun peut, suivant ses convenances, agrandir ou restreindre. Mais nous recommandons à nos amis de ne nous transmettre que des observations exactes, recueillies ou contrôlées personnellement et libres de tout esprit systématique ou préconçu. De telles études démontreront à ceux qui voudront bien les entreprendre, combien la méthode d'observation est féconde pour dissiper les systèmes et les vaines théories; ils toucheront, pour ainsi dire du doigt, les véritables causes de notre malaise social et apprendront à en découvrir les remèdes ; ils acquerront ainsi le véritable esprit scientifique. Enfin, lorsqu'ils auront été formés, par la pratique des enquêtes locales, à la méthode d'observation, ils pourront aborder avec succès l'œuvre, plus difficile, des monographies de famille, qui constituent le plus sûr élément d'information et la plus solide base de la science sociale.

Le programme d'action que nous venons d'esquisser groupe déjà autour de lui un nombre considérable d'adhérents, qui reconnaissent dans ses énoncés la réponse aux principales questions qu'ont à résoudre les sociétés modernes. C'est en demeurant fidèles aux idées dont il s'inspire que les peuples les plus différents par les temps, les mœurs et les institutions, ont grandi et prospéré; c'est en s'en écartant que tous, invariablement, ont marché vers la décadence et la ruine. C'est donc, en y revenant, que nous pourrons restaurer parmi nous, avec les conditions fondamentales de tout ordre social, la stabilité, la grandeur et la paix.

Que les membres des Unions de la paix sociale, unis par la doctrine, s'unissent aussi dans l'action ; qu'ils travaillent sans relâche à recruter de nouveaux adhérents, qui deviendront à leur tour des apôtres zélés. L'avenir appartiendra aux hommes qui, renonçant aux théories et aux systèmes, sauront entrer résolûment dans la voie tracée par l'expérience de tous les peuples et de tous les temps

LA BIBLIOTHÈQUE DE LA PAIX SOCIALE

TRAVAUX DES UNIONS

La Société d'Économie sociale et les Unions, lorsqu'elles ont uni leurs efforts pour concourir à la fondation de la *Réforme sociale*, ont voulu, à l'aide de la publicité d'un recueil périodique, donner une plus large diffusion à la doctrine de la paix sociale et à la connaissance des faits d'observation sur lesquels elle repose.

Grâce au zèle de nos amis et au dévouement des correspondants des Unions, le succès a dépassé les espérances : beaucoup de ces « amis inconnus » auxquels F. Le Play a souvent fait allusion, se sont révélés et ont répondu spontanément à l'appel des fondateurs de la revue.

Mais la *Réforme sociale*, comme tous les recueils à périodicité fréquente, doit traiter les questions au jour le jour, au moment où l'opinion s'en préoccupe ; elle doit, dans les étroites limites d'articles toujours courts, énoncer ou affirmer des conclusions, plutôt qu'exposer les observations scientifiques qui justifient ces inductions. La Revue séparée de la Bibliothèque sociale ne remplit donc qu'une partie de la tâche : aussi le

Programme d'action des Unions mentionne-t-il, comme le premier devoir de tous les membres, de se former par l'étude de la Bibliothèque une conviction éclairée, qui ne se dissimule pas les difficultés et qui apprenne à réfuter les objections.

On ne saurait trop insister sur ce point : il faut que nos confrères lisent et relisent les œuvres du maître.

Non seulement ils trouveront dans ces volumes, l'exposé complet et la démonstration rigoureuse des observations sur lesquelles s'appuie la doctrine de l'École, mais ils y rencontreront aussi les meilleurs moyens pour contrôler eux-mêmes ces résultats et pour continuer ces recherches, qu'il s'agisse des monographies de familles, des monographies de sociétés ou des enquêtes locales que chacun peut faire avec fruit dans son voisinage.

A cet égard et pour commencer la tâche par les côtés les plus accessibles, ils pourront porter d'abord leur attention sur deux genres de travaux : 1° les *monographies successives* d'une même famille ; la plupart des monographies publiées dans nos recueils à des dates très différentes et souvent anciennes, pourraient être utilement confrontées aujourd'hui avec leurs modèles. Bien des modifications se sont produites dans le milieu social, et la comparaison de l'ancienne description avec la réalité actuelle fournirait de curieux enseignements —

2° les *enquêtes sur les ateliers;* on se rappelle la mémorable enquête de 1867 pour le « Nouvel ordre de récompenses en faveur des ateliers où règne la paix sociale ». Un questionnaire très complet, annexé au compte rendu des travaux du jury, serait encore un excellent guide. (V. le Rapp. du jury intern., p. 178; in-8, *franco,* 1 fr.; en vente dans nos bureaux.) A propos de l'Exposition d'économie sociale de 1889, la *Réforme sociale* a publié les questionnaires relatifs aux institutions de patronage créées par les chefs d'industrie, à la grande et à la petite culture, à la grande et à la petite industrie. (*Réf. sociale*, 2ᵉ série, t. IV, p. 574; t. VI, p. 208); ils fourniront une très utile direction à ceux qui voudront dresser une monographie d'atelier. (*Réf. sociale*, t. III, p. 545.)

Telles sont les recherches pratiques qui compléteraient fort heureusement l'étude des ouvrages de la Bibliothèque de la Paix sociale, et prépareraient les membres des Unions à des travaux personnels plus importants. Au premier rang de ceux-ci se placent toujours les monographies de famille, qui demeurent le véritable fondement des études sociales. Les monographies présentées à la Société d'Economie sociale et admises par le comité de publication, seront insérées dans les *Ouvriers des deux mondes,* et les auteurs pourront recevoir des allocations dont le maximum est fixé à 400 fr.

BIBLIOTHÈQUE DE LA PAIX SOCIALE

F. LE PLAY

Les Ouvriers européens, 6 vol. in-8.... 3g fr.
La Réforme sociale en France, 3 vol.
in-18. **7ᵉ** édit. .... 6 fr.
L'Organisation du Travail, 6ᵉ édit.;
un fort vol. in-18.................... 2 fr.
L'Organisation de la Famille, 3ᵉ édit.;
un vol. in-18.. .... 2 fr.
La Constitution de l'Angleterre, avec
la collaboration de M. Delaire, 2 vol. in-18. 4 fr.
La Réforme en Europe et le salut en
France, un vol in-18.................. 1 fr. 60
La Constitution essentielle de l'huma-
nité, 2ᵉ édit., un vol. in-18 .... 2 fr.
La Paix sociale ,2ᵉ édit., une br. in-18. o fr. 60
Correspondances sur l'Union de la paix
sociale. Chaque brochure in-18.......... o fr. 30

SOCIÉTÉ D'ÉCONOMIE SOCIALE

Les Ouvriers des Deux Mondes,
2ᵉ série. Chaque fasc. 2 fr. — 1ʳᵉ série,
5 vol. in-8º, rares................. 80 fr.
Bulletin des séances de la Société d'économie sociale, 9 vol. in-8............ 68 fr.
Annuaires des Unions, 5 vol.......... 15 fr.
La Réforme sociale, 3ᵉ série, ch. vol. 7 fr.
1ʳᵉ et 2ᵉ séries, 20 vol. in-8º ; ch. série 80 fr.
La Réforme sociale et le Centenaire
de la Révolution; Travaux du Congrès
de 1889, avec une lettre préface de M. H.
Taine, de l'Ac. fr., 1 fort vol. in-8... 10 fr.

CHARLES DE RIBBE

Les Familles et la Société en France
avant la Révolution, 4ᵉ édit., 2 vol. in-18. 4 fr.
Le Livre de Famille, un vol. in-18.... . 2 fr
Une Famille au xviᵉ siècle, 3ᵉ édition.... 2 fr.
La Vie domestique, ses modèles et ses
règles, 2 vol. in-1.................... 6 fr.
Le Play, d'après sa correspondance,
1 vol. in-18 (par exception pour les
membres des Unions)...................... 1 fr. 60

CLAUDIO JANNET

Les États-Unis contemporains avec une
  lettre de M. F. Le Play, 2 vol. in-18.... 8 fr.
**Le Socialisme d'État et la Réforme
  sociale**, 1 vol. in-8º 2ᵉ édit............ 7 fr. 50
**Le Capital, la Spéculation et la Fi-
  nance au XIXᵉ siècle**, 1 fort vol. in-8 8 fr.

JULES MICHEL

**Leçons élémentaires d'économie politique
  et d'économie sociale**, 1 vol. in-12......, 2 fr.

GEORGES PICOT, de l'Institut.

Un devoir social et les logements d'ouvriers, 1 vol. in-18...... .... 2 fr.

JOSEPH FERRAND

Les Institutions administratives en
  France et à l'étranger, un vol in-8........ 6 fr.
Les Pays libres, 1 vol. in-18......... .. 3 fr. 50

A. DE MOREAU D'ANDOY

Le Testament selon la pratique des familles
  stables et prospères, un vol. in-18........ 3 fr.

SOCIÉTÉ D'ÉCONOMIE SOCIALE

La Société s'est constituée le 27 novembre 1856,
pour remplir le vœu exprimé par l'Académie des
sciences, en couronnant l'ouvrage intitulé *les Ouvriers européens*. Elle applique à l'étude comparée
des diverses constitutions sociales la méthode d'observation, dite des monographies de famille. Elle
reproduit les monographies les plus remarquables
dans le recueil intitulé *les Ouvriers des Deux-
Mondes*, et publie le compte rendu *in extenso* de
ses six séances annuelles dans la *Réforme sociale*,
qui est adressée à tous les membres.

La *Société d'Économie sociale* se compose de
membres honoraires versant une cotisation de 100 fr.
par an, au minimum, et de *membres titulaires*
payant 25 fr.

Revue paraissant le 1ᵉʳ et le 16 de chaque mois

ET ENVOYÉE A TOUS LES MEMBRES DES *Unions de la Paix sociale.*

LA RÉFORME SOCIALE

FONDÉE PAR

F. LE PLAY

en 1881

La *Réforme sociale* est non seulement une **revue de doctrine** vouée à la diffusion des principes scientifiquement déduits de l'observation, mais encore et surtout une **revue d'application** poursuivant la mise en pratique de ces mêmes principes.

La *Réforme sociale* convient à toutes les catégories de lecteurs.

Les **manufacturiers**, les **ingénieurs**, les **commerçants** y liront les moyens les plus propres à conjurer les chômages et les grèves, à assurer la stabilité et la sécurité à leurs ouvriers; les **propriétaires ruraux** y verront comment ils peuvent reprendre la direction des campagnes, qui échappe de plus en plus à leur influence; les **hommes de science**, habitués aux procédés rigoureux de la méthode d'observation, y trouveront cette même rigueur scientifique appliquée à la solution des problèmes sociaux; les **membres du clergé et les hommes dévoués aux intérêts populaires** y seront tenus au courant de tout ce qui se fait en France et à l'étranger pour améliorer la condition morale et matérielle des populations; les **hommes de gouvernement**, les **fonctionnaires** les, **administrateurs** y trouveront, avec l'indication des véritables attributions de l'Etat, les fortes traditions sociales qui se sont conservées ailleurs et que nous avons trop oubliées; les **femmes** elles-mêmes y apprendront le rôle important qui leur incombe dans l'œuvre de la réforme, au sein de la famille réorganisée; enfin **chacun** y verra la part considérable que les peuples libres réservent à la religion, à l'activité individuelle, à l'autorité paternelle, à l'initiative locale; **tous**, en un mot, y trouveront la solution du problème qui se pose devant nous, sous cette **expression grosse de menaces: La question sociale.**

Bureaux de la *Réforme sociale* · Rue de Seine, 54, Paris.

Conditions d'abonnement pour les personnes étrangères aux Unions :

France: un an, 20 fr. ; six mois, 11 fr.

Union postale : un an, 25 fr. ; six mois, 14 fr.

25778. — Paris. Imp. F. LEVÉ, rue Cassette, 17.